# 培养
# 纯粹的
# 门徒

《培养纯粹的门徒》

一本帮助您在小型团体、家庭教会及短期传教旅行中培养门徒，并能带动植堂运动的手册。

作者：丹尼尔· B·兰卡斯特 博士

出版社：T4T出版社

初版：2011

出版书号：ISBN 978-0-9831387-3-0

"美国国会图书馆"在版编目数据：

丹尼尔 •B·兰卡斯特

《培养纯粹的门徒》：一本帮助您在小型团体、家庭教会及短期传教旅行中培养门徒，并能带动教会繁殖运动的手册，/ 丹尼尔· B·兰卡斯特。

包含书目文献参考。

书号ISBN 978-0-9831387-3-0

1. 《信主培训：基础门徒训练-美国版》。I. 标题

# 目录

# 1

# 欢迎

欢迎步骤通过介绍培训师和学员拉开此课程或研讨会的序幕。培训师将下列耶稣的八幅画像及其相应的手势介绍给学员们：士兵、找寻者、牧人、撒种人、神子、圣者、仆人以及管家。由于人们通过听、看和做去学习，《信主培训》在每一节课中都包含了所有这些学习方式。

　　《圣经》说圣灵是我们的老师，我们鼓励学员们在整个培训过程中全心依赖圣灵。此环节结束时会开一个小小"茶话会"，带给培训师和学员们更为轻松的氛围，使得门徒能享受和耶稣一起的时刻。

## 称颂

## 开始

介绍培训师

介绍学员

# 介绍耶稣

## 《圣经》中的八幅耶稣画像

&#9995; 士兵
举起剑。

&#9995; 找寻者
找寻者手搭眼睛上部，前后找寻查看

&#9995; 牧人
双手向身体挥动，就像在召唤人们聚集一样

&#9995; 撒众人
用手撒种子。

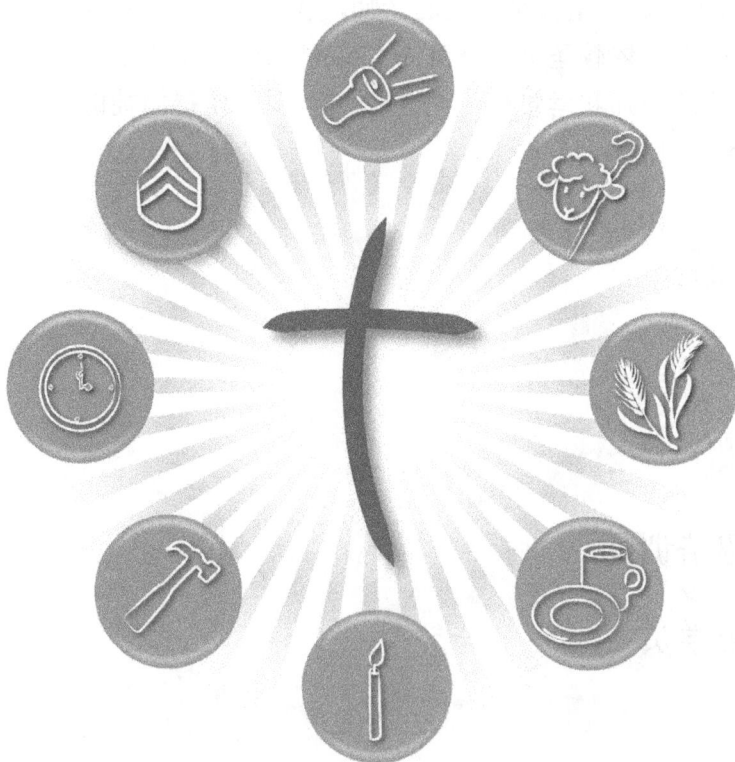

🖐神子
　　双手在嘴边移动，好像在进食一样。

🖐圣者
　　典型的"祷告"手势。

🖐仆人
　　挥舞锤子。

🖐管家
　　假装从衬衣口袋或钱包拿钱出来。

## 我们通过哪三种方法学习效果最好？

🖐听
　　手卷成筒状放在耳边。

🖐看
　　用手指着眼睛。

🖐做
　　用双手做滚动的动作。

# 收尾

## 召开茶话会！　　🕮

　　--《路加福音》7:31-35-- 主又说："这样，我可用什么比这世代的人呢？他们好像什么呢？好像孩童坐在街市上，彼此呼叫说：'我们向你们吹笛，你们不跳舞；我们向你们举哀，你们不啼哭。'施洗的约翰来，不吃饼，不喝酒，你们说他是被鬼附着的。人子来，也吃也喝，你们说他是贪食好酒的人，是税吏和罪人的朋友。但智慧之子，都以智慧为是。"（CEV）

# 2

# 倍增

倍增把耶稣作为管家的形象介绍给学员：管家希望他们的时间和所有之物能够获得好的回报，并希望能够诚信度日。学员们通过探索1) 神对世人的第一条命令、2) 耶稣对世人的最后一条命令、3) 222定律、以及4)加利利海和死海，可预见学习成效倍增的远景 。

这个课程结尾时会提供学员一套有效的学习工具，用以衡量和体现培训他人和自身接受培训之间的成效差异。学员接受挑战去培训他人如何称颂、祷告、学习神的指令、并以之帮助他人。随着这些时间、所有之物、诚信的投入，当学员们在天堂见到耶稣，他们将能够向他敬献令人惊叹的礼物。

## 称颂

## 祷告

# 学习

## 回顾

帮助我们跟随耶稣的八幅画像是指什么？

## 我们的灵性生活正如气球 ✿

## 耶稣是怎样的?

--《马太福音》6:20-21--只要积攒财宝在天上，天上没有虫子咬，不能锈坏，也没有贼挖窟窿来偷。因为你的财宝在哪里，你的心也在那里。

---

✋假装从衬衣口袋或皮夹内取钱出来。

## 管家会做哪三件事？

--《马太福音》 25:14-28·天国又好比一个人要往外国去，就叫了仆人来，把他的家业交给他们，按着各人的才干，给他们银子，一个给了五千，一个给了二千，一个给了一千，就往外国去了。那领五千的随即拿去作买卖，另外赚了五千；那领二千的也照样另赚了二千；但那领一千的去掘开地，把主人的银子埋藏了。过了许久，那些仆人的主人来了，和他们算账。那领五千银子的又带着那另外的五千来，说："主啊，你交给我五千银子，请看，我又赚了五千。"主人说："好，你这又良善又忠心的仆人，你在不多的事上有忠心，我要把许多事派你管理，可以进来享受你主人的快乐。"那领两千的也来，说："主啊，你交给我两千银子，请看，我又赚了两千。"主人说："好，你这又良善又忠心的仆人，你在不多的事上有忠心，我要把许多事派你管理，可以进来享受你主人的快乐。"那领一千的也来，说：'主啊，我知道你是忍心的人，没有种的地方要收割，没有散的地方要聚敛。我就害怕，去把你的一千银子埋藏在地里。请看，你的原银子在这里。'主人回答说：'你这又恶又懒的仆人，你既知道我没有种的地方要收割，没有散的地方要聚敛，就当把我的银子放给兑换银钱的人，到我来的时候，可以连本带利收回。夺过他这一千来，给那有一万的。'(HCSB)

1. _____

2. _____

3. _____

## 神对世人的第一条命令是什么？

--《创世记》 1:28•"神就赐福给他们，又对他们说："要生养众多，遍满地面，治理这地；也要管理海里的鱼、空中的鸟，和地上各样行动的活物。"(NASB)

_____

## 耶稣对世人的最后一条命令是什么？

--《马可福音》 16:15--他又对他们说："你们往普天下去，传福音给万民听。"

_____

## 怎样才能做到倍增人群？

--《提摩太后书》 2:2-- 你在许多见证人面前听见我所教训的，也要交托那忠心能教导别人的人。(NASB)

_____

# 加利利海/死海　Ɒ

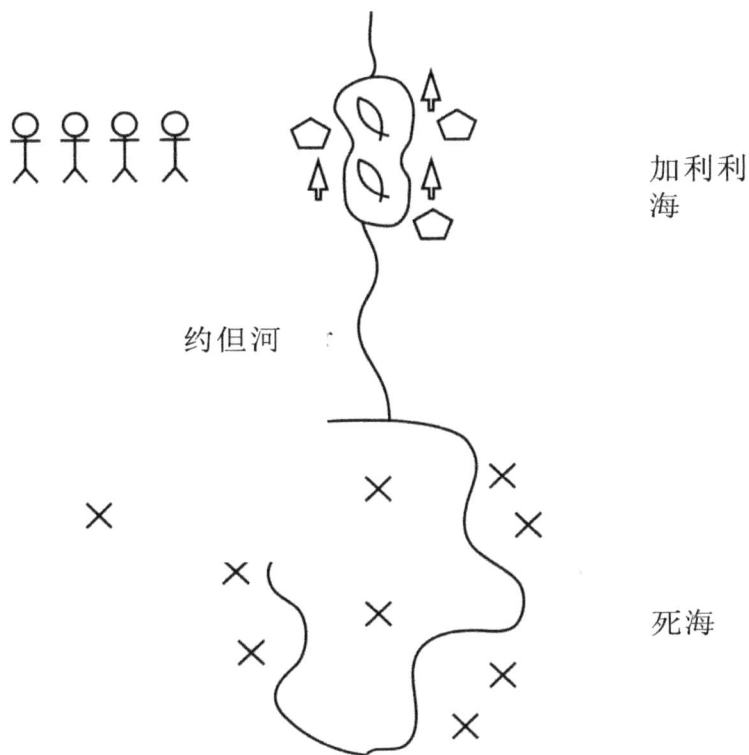

约但河

加利利海

死海

## 背诵《圣经》段落

--《约翰福音》 15:8--你们多结果子，我父就因此得荣耀，你们也就是我的门徒了。

# 练习

"两人组中较年轻的那个是小组组长。"

# 收尾

## 向耶稣献礼  ∞

🖐称颂
举起双手称颂上帝。

🖐祷告
典型的合掌祷告手势。

🖐学习《圣经》
双手平摊好像在捧书阅读。

🖐告知别人耶稣的事
双手向外好像在撒播种子。

# 3

# 爱

爱把耶稣作为牧人的形象介绍给学员：牧人带领、保护、并喂养他们的羊群。我们教人们听从神的指示，就是"喂养"他们，但是我们教人们关于神的第一件事应该是什么呢？学员在此课中学习探索最重要的诫命，辨认爱之源是谁，并学会如何根据最重要的诫命进行敬拜。

　　本课中，学员练习如何带领简单的学习小组进行四要素：称颂（全心去爱神）、祷告（用整个灵魂去爱神）、学习《圣经》（整个思想去爱神）、以及练习技能（用所有力量去爱神）。最终会有一个情景剧"羊与虎"来演示信徒小组的实际需求是什么。

## 称颂

## 祷告

1. 我们应该如何为我们身边的迷失人群祷告？

2. 我们应该如何为你所培训的小组祷告？

# 学习

## 回顾

帮助我们跟随耶稣的八幅画像是指什么？

倍增

管家会做的三件事是什么？

神对世人的第一条命令是什么？

耶稣对世人的最后一条命令是什么？

我应该怎么做才能倍增信徒？

以色列境内的两个海的名称是什么？

为什么这两个海不一样？

你想成为哪个海？

## 耶稣是什么样的?

--《马可福音》6:34--耶稣出来，见有许多的人，就怜悯他们，因为他们如同羊没有牧人一般，于是开口教训他们许多道理。(NASB)

---

✋双手向身体挥动，好像在召集人们。

## 牧人会做哪三件事？

--《诗篇》23：1-6--耶和华是我的牧者，我必不至缺乏。他使我躺卧在青草地上，领我在可安歇的水边；他使我的灵魂苏醒，为自己的名引导我走义路。我虽然行过死荫的幽谷，也不怕遭害，因为你与我同在；你的杖，你的竿，都安慰我。在我敌人面前，你为我摆设筵席；你用油膏了我的头，使我的福杯满溢。我一生一世必有恩惠慈爱随着我，我且要住在耶和华的殿中，直到永远。(NASB)

1. _____

2. _____

3. _____

## 教授他人时最重要的诫命是什么？

--《马可福音》12：28-31--有一个文士来，听见他们辩论，晓得耶稣回答的好，就问他说："诫命中哪是第一要紧的呢？"耶稣回答说："第一要紧的就是说：'以色列啊，你要听，我们的神是独一的主。你要尽心、尽性、尽意、尽力爱主，你的神'其次就是说：'要爱人如己。'再没有比这两条诫命更大的了。"

1. _____

🖐双手向上，朝向神。

2. _____

🖐双手向外，朝向别人。

## 爱源自何处?

--《约翰一书》4:7, 8--亲爱的弟兄啊，我们应当彼此相爱，因为爱是从神来的。凡有爱心的，都是由神而生，并且认识神。没有爱心的，就不认识神，因为神就是爱。(HCSB)

---

🖐双手朝上，好像在接受爱，然后将爱回馈给神。

🖐双手朝上，好像在接受爱，接着双手外摊，好像在给予别人。

## 什么是简单敬拜?

🖐称颂
  双手举起称颂上帝。

🖐祷告
  双手做标准"祷告"手势。

🖐学习
  双手摊开朝上好似捧书阅读。

🖐练习
  一手来回动，好像在撒播种子。

## 为什么要做简单敬拜?

--《马可福音》12:30--你要尽心、尽性、尽意、尽力爱主 你的神。

| 我们… | 因此… | 手势 |
|---|---|---|
| 我们用全心去爱神 | 称颂 | 🖐一手放在心口，然后双手举起称颂神。 |
| 用整个灵魂去爱神 | 祷告 | 🖐双手紧握，做标准祷告手势。 |
| 用全部思想去爱神 | 学习 | 🖐一手放在头的右边做思考状，接着双手平摊向上好像捧书阅读。 |
| 用全部力量去爱神 | 分享我们所学（练习） | 🖐双臂高举屈伸，接着一手向外做撒种状。 |

## 简单敬拜需要几个人？

--《马太福音》18:20--因为无论在哪里，有两三个人奉我的名聚会，那里就有我在他们中间。

## 背诵《圣经》段落

--《约翰福音》13:34，35--我赐给你们一条新命令，乃是叫你们彼此相爱；我怎样爱你们，你们也要怎样相爱。你们若有彼此相爱的心，众人因此就认出你们是我的门徒了。 (NLT)

# 练习

"两人组中年长的那个作为领导者。" "

# 收尾

## 简单敬拜

1.　这个故事告诉了我们关于神的什么事情?

2.　这个故事告诉了我们关于世人的什么事情?

3.　这个故事会怎样帮助到我去效仿耶稣?

• 练习组长重新讲述学习组长之前讲过一遍的《圣经》故事，并再问一遍上述三个问题，小组针对每个问题进行再次讨论。

为什么建立门徒小组很重要？

羊与虎　ଔ

# 祷告

祷告课把耶稣作为圣者介绍给学员。他过了神圣的一生，最后把生命在十字架上献给了我们。当我们效仿耶稣，神要求我们也成为圣人。圣人敬拜神，过着圣洁的生活，并为他人祷告。我们要像祷告中提到的耶稣那样，称颂上帝、忏悔罪恶、祈求需要的，顺从上帝所命令的。

神会从四种方式中的一种回应我们的祷告：不行（如果我们的动机不纯）、慢点（如果时机不对）、成长（如果我们需要在神给我们回答之前再继续成长灵性）、以及去做吧（如果我们依据神的道和意愿来祷告）。学员们学会记住神的电话号码3-3-3（根据《耶利米书》33章3节），并且我们鼓励学员们天天与神"通话"。

## 称颂

## 祷告

1. 我们应该如何为我们身边的迷失人群祷告？

2. 我们应该如何为你所培训的小组祷告？

# 学习

## 电话游戏　&#x6088;

## 回顾

帮助我们跟随耶稣的八幅画像是指什么？

倍增

管家会做的三件事是什么？

神对世人的第一条命令是什么？

耶稣对世人的最后一条命令是什么？

我应该怎么做才能倍增信徒？

以色列境内的两个海的名称是什么？

为什么这两个海不一样？

你想成为哪个海？

爱

牧人会做的三件事是什么？

教授他人时最重要的诫命是什么？

爱源自何处？

简单敬拜是指什么？

为什么要进行简单敬拜？

简单敬拜需要几个人参与？

## 耶稣是什么样的？

--《路加福音》 4:33-35--在会堂里有一个人被污鬼的精气附着，大声喊叫说："唉！拿撒勒的耶稣，我们与你有什么相干？你来灭我们吗？我知道你是谁，乃是神的圣者。"耶稣责备他说："不要作声，从这人身上出来吧！"鬼把那人摔倒在众人中间，就出来了，却也没有害他。

---

双手做典型的"祷告"手势。

## 圣人会做哪三件事？

--《马太福音》21:12-16--耶稣进了神的殿，赶出殿里一切作买卖的人，推倒兑换银钱之人的桌子和卖鸽子之人的凳子；对他们说："经上记着说：'我的殿必称为祷告的殿'，你们倒使它成为贼窝了。"在殿里有瞎子、瘸子到耶稣跟前，他就治好了他们。祭司长和文士看见耶稣所行的奇事，又见小孩子在殿里喊着说："和散那归于大卫的子孙！"就甚恼怒，对他说："这些人所说的，你听见了吗？"耶稣说："是的。经上说'你从婴孩和吃奶的口中完全了赞美的话。'你们没有念过吗？"

1. _____

2. _____

3. _____

## 我们应该如何祷告？

--《路加福音》10:21--正当那时，耶稣被圣灵感动就欢乐，说：“父啊，天地的主，我感谢你！因为你将这些事向聪明通达人就藏起来，向婴孩就显出来。父啊，是的，因为你的美意本是如此。”(NASB)

1. _____

☝双手上举表示敬拜。

--《路加福音》18:10-14•“有两个人上殿里去祷告：一个是法利赛人，一个是税吏。法利赛人站着，自言自语地祷告说：‘神啊，我感谢你，我不像别人勒索、不义、奸淫，也不像这个税吏。我一个礼拜禁食两次，凡我所得的，都捐上十分之一。’那税吏远远地站着，连举目望天也不敢，只捶着胸说：‘神啊，开恩可怜我这个罪人！’我告诉你们：这人回家去比那人倒算为义了。因为，凡自高的，必降为卑；自卑的，必升为高。”(CEV)

2. _____

☝双手向外遮住脸，头转向一边。

--《路加福音》11:9--我又告诉你们：你们祈求，就给你们；寻找，就寻见；叩门，就给你们开门。(HCSB)

3. _____

☝双手合起呈碗状，好似接受某物。

--《路加福音》22:42--：父啊，你若愿意，就把这杯撤去，然而，不要成就我的意思，只要成就你的意思。(HCSB)

4. _____

🖐双手合成祷告姿势，并高举于额前，表示尊敬。

# 一起祷告

## 神会如何回应我们?

--《马太福音》20:20-22--那时，西庇太儿子的母亲同她两个儿子上前来拜耶稣，求他一件事。耶稣说："你要什么呢?"她说："愿你叫我这两个儿子在你国里，一个坐在你右边，一个坐在你左边。" 耶稣回答说："你们不知道所求的是什么。我将要喝的杯，你们能喝吗?"他们说："我们能。"(NLT)

1. _____

🖐摇头表示"不行"。

--《约翰福音》11:11-15--耶稣说了这话，随后对他们说："我们的朋友拉撒路睡了，我去叫醒他。" 门徒说："主啊，他若睡了，就必好了。"耶稣这话是指着他死说的，他们却以为是说照常睡了。耶稣就明明地告诉他们说："拉撒路死了。我没有在那里就欢喜，这是为你们的缘故，好叫你们相信。如今我们可以往他那里去吧!"

2. _____

🖐双手下推，好像在让车慢下来。

--《路加福音》9:51-56--耶稣被接上升的日子将到，他就定意向耶路撒冷去，便打发使者在他前头走。他们到了撒玛利亚的一个村庄，要为他预备。那里的人不接待他，因他面向耶路撒冷去。他的门徒雅各、约翰看见了，就说："主啊，你要我们吩咐火从天上降下来烧灭他们，像以利亚所作的？" 耶稣转身责备两个门徒说："你们的心如何，你们并不知道。人子来不是要灭人的性命，是要救人的性命。"说着就往别的村庄去了。(NLT)

3. ＿＿＿＿＿＿＿＿＿＿＿＿＿＿＿＿＿＿＿＿＿

✋双手做出一棵树长大的样子。

--《约翰福音》15:7-- 你们若常在我里面，我的话也常在你们里面；凡你们所愿意的，祈求就给你们成就。(NLT)

4. ＿＿＿＿＿＿＿＿＿＿＿＿＿＿＿＿＿＿＿＿＿

✋点头表示"可以"，同时双手往前挥动表示"去做吧"。

# 背诵《圣经》段落

--《路加福音》11:9-- 我又告诉你们：你们祈求，就给你们；寻找，就寻见；叩门，就给你们开门。(HCSB)

# 练习

"两人组中较矮的那个作为领导者。"

# 收尾

## 神的电话号码　❀

--《耶利米书》33:3-- 你求告我，我就应允你，并将你所不知道、又大又难的事指示你。(NASB)

# 双手 - 十指 ❧

# 5

# 遵从

遵从把耶稣作为仆人的形象介绍给学员：仆人帮助别人，他们有谦虚的心，并服从主人的命令。耶稣以同样的方式服侍并效仿他的父，而我们现在就要服侍并效仿耶稣。作为全能的主，耶稣给了我们四条命令去遵从：前行、培养门徒、施洗以及教授他们遵从主所有的命令。耶稣承诺他会与我们同在。任何时候耶稣有命令，我们都必须立刻且怀着敬爱之心遵从。

每个人一生总有起伏，但智者依靠遵从耶稣的命令来更好生活，而蠢人却不是。课程的最后，学员们开始绘制一副《使徒行传》中29章的地图-这是一副显示他们丰收信徒的地图，并且在门徒研讨会结束时每个人都要展示这幅地图。

## 称颂

## 祷告

1. 我们应该如何为我们身边的迷失人群祷告？

2. 我们应该如何为你所培训的小组祷告？

# 学习

**模仿呱呱鸡！**  ❧

## 回顾

帮助我们跟随耶稣的八幅画像是指什么？

倍增

管家会做的三件事是什么？

神对世人的第一条命令是什么？

耶稣对世人的最后一条命令是什么？

我应该怎么做才能倍增信徒？

以色列境内的两个海的名称是什么？

为什么这两个海不一样？

你想成为哪个海？

爱

牧人会做哪三件事

教授他人时最重要的诫命是什么？

爱源自何处？

简单敬拜是指什么？

为什么要进行简单敬拜?

简单敬拜需要几个人参与?

祷告

圣人会做哪三件事?

我们应该如何祷告?

神会如何回应我们?

上帝的电话号码是多少?

# 耶稣是什么样的?

--《马可福音》10:45--因为人子来,并不是要受人的服侍,乃是要服侍人,并且要舍命,作多人的赎价。(NLT)

---

☞作用锤子敲钉子的动作

# 仆人会做的三件事是什么?

--《腓立比书》2:5-8--你们当以基督耶稣的心为心。他本有神的形像,不以自己与神同等为强夺的,反倒虚己,取了奴仆的形像,成为人的样式。既有人的样子,就自己卑微,存心顺服,以至于死,且死在十字架上。

1. _____

2. _____

3. _____

## 世上有最高权柄的是谁?

--《马太福音》28:18--耶稣进前来,对他们说:"天上地下所有的权柄都赐给我了。"

_____

## 耶稣给信徒的四条命令是什么?

--《马太福音》28:19-20a--所以,你们要去使万民作我的门徒,奉父、子、圣灵的名给他们施洗。凡我所吩咐你们的,都教训他们遵守,我就常与你们同在,直到世界的末了。

1. _____

🖑手指移动作"走路"状。

2. _____

🖑用上简单敬拜的全部四个手势:称颂、祷告、学习及练习。

3. _____

🖑一手放在另一边的手肘上。上下移动手肘,好像正在为人施洗。

4. _____

🖑双手并起好像正在看书,然后把"书"前后左右移动,好像正在教别人念书。

## 我们应该如何遵从耶稣？

1. _____

☝右手从身体左侧移动到右侧。

2. _____

☝双手从上移动到下方做"切"的动作。

3. _____

☝双手在胸前交叠，接着高举双手称颂上帝。

## 耶稣应许他的信徒什么？

--《马太福音》28:20b--我就常与你们同在，直到世界的末了。

## 背诵《圣经》段落

--《约翰福音》15:10--你们若遵守我的命令，就常在我的爱里；正如我遵守了我父的命令，常在他的爱里。(NLT)

# 练习

"两人组中较高的那个作为领导者。"

# 收尾

## 立根基于磐石 ✆

--《马太福音》7:24，25•"所以，凡听见我这话就去行的，好比一个聪明人，把房子盖在磐石上。雨淋，水冲，风吹，撞着那房子，房子总不倒塌，因为根基立在磐石上。"(CEV)

--《马太福音》7:26-27-- 凡听见我这话不去行的，好比一个无知的人，把房子盖在沙土上。雨淋，水冲，风吹，撞着那房子，房子就倒塌了，并且倒塌得很大。(CEV)

## 《使徒行传》 29 章地图 – 第1部分 ✆

# 6

# 前行

前行把耶稣作为神子的形象介绍给学员：一个尊敬父亲、渴望团结、并且希望家族兴旺的子女。圣父称呼耶稣为"亲爱的"，圣灵在耶稣洗礼时降临。耶稣能成功完成他的使命，因为他依靠圣灵的力量。

同样，我们在生活中也必须依靠圣灵的力量。关于圣灵，我们要遵从四个诫命：顺圣灵而行，不要让圣灵担忧，让圣灵充满心中，不要熄灭圣灵。耶稣今天与我们同在，正如他当初帮助那些前往加利利海的人们一样，要帮助我们。如果我们在追随耶稣的过程中受到阻碍，我们可以求助耶稣获得治愈。

## 称颂

## 祷告

1. 我们应该如何为我们身边的迷失人群祷告？

2. 我们应该如何为你所培训的小组祷告？

# 学习

## 没油了   ☙

## 回顾

帮助我们跟随耶稣的八幅画像是指什么？

倍增

管家会做的三件事是什么？

神对世人的第一条命令是什么？

耶稣对世人的最后一条命令是什么？

我应该怎么做才能倍增信徒？

以色列境内的两个海的名称是什么？

为什么这两个海不一样？

你想成为哪个海？

爱

牧人会做哪三件事？

教授他人时最重要的诫命是什么？

爱源自何处？

简单敬拜是指什么？

为什么要进行简单敬拜?

简单敬拜需要几个人参与?

祷告

圣人会做哪三件事?

我们应该如何祷告?

神会如何回应我们?

上帝的电话号码是多少?

遵从

仆人会做哪三件事?

谁有最高的权威?

耶稣给每个信徒的四条诫命是什么?

我们应该如何遵从耶稣?

耶稣承诺了我们什么?

# 耶稣是什么样的?

--《马太福音》3:16-17--耶稣受了洗,随即从水里上来。天忽然为他开了,他就看见神的灵仿佛鸽子降下,落在他身上。从天上有声音说:"这是我的爱子,我所喜悦的。"(HCSB)

✋手在嘴边挥动就像你正在吃东西。儿子们吃的很多！

## 神子会做哪三件事？？

--《约翰福音》17:4，18-21--（耶稣说…）我在地上
已经荣耀你，你所托付我的事，我已经成全了。就像你
送我到这个世界上，我已经把他们送到这个世界上。我
把我自己奉献给他们，他们能够因你的真理而神圣。我
为信徒祷告也为那些通过信息也相信我的人祷告。我祈
求他们为一体，就像你我为一体-你存在于我，父亲，
就像我存在于你。他们存在于我们，如此这个世界就会
相信你派我来。　(NLT)

1. _____

2. _____

3. _____

## 为什么耶稣会成功完成使命？

--《路加福音》4:14--（在受试探后）耶稣被圣灵充
满，回到加利利，他的名声传遍四方。(NASB)

_____

## 在十字架前，耶稣对信徒许诺
## 了关于圣灵的什么事？

--《约翰福音》14:16-18--我要求父，父就另外赐给你
们一位保惠师，叫他永远与你们同在，就是真理的圣
灵，乃世人不能接受的。因为不见他，也不认识他；你
们却认识他，因他常与你们同在，也要在你们里面。也
要在你们里面。我不撇下你们为孤儿。我必到你们这里
来。

1. _____

2. _____

3. _____

4. _____

## 复活之后，耶稣对信徒许诺了关于圣灵的什么事？

--《使徒行传》1:8--但圣灵降临在你们身上，你们就必得着能力；并要在耶路撒冷、犹太全地和撒玛利亚，直到地极，作我的见证。(NLT)

_____

## 关于圣灵，我们必须遵从的四个诫命是什么？

--《加拉太书》5:16--我说：你们当顺着圣灵而行，就不放纵肉体的情欲了。(NASB)

1. _____

✋双手手指朝下摆动，模拟走路的样子。

--《以弗所书》4:30--不要叫神的圣灵担忧，你们原是受了他的印记，等候得赎的日子来到。(HCSB)

2. _____

✋就像在哭一样揉眼睛，然后摇头表示"不"。

--《以弗所书》5:18--不要醉酒，酒使人放荡，而要被圣灵充满…(NLT)

3. _____

✋双手从脚部顺势上移到头顶。

--《帖撒罗尼迦前书》5:19--不要熄灭圣灵。(NASB)

4. _____

✋右手食指竖起好像一支蜡烛。做出试图吹灭它的动作，接着摇头表示"不"。

## 背诵《圣经》段落

--《约翰福音》 7:38--信我的人，就如经上所说"从他腹中要流出活水的江河来"。(NLT)

# 练习

"两人组中住得离开培训地点较远的那个作为领导者。"

# 收尾

## 耶稣与我们同在  ❦

--《希伯来书》13:8--耶稣基督昨日今日一直到永远，是一样的。(CEV)

--《马太福音》15:30-31--有许多人到他那里，带着瘸子、瞎子、哑巴、有残疾的和好些别的病人，都放在他脚前。他就治好了他们。甚至众人都希奇，因为看见哑巴说话，残疾的痊愈，瘸子行走，瞎子看见，他们就归荣耀给以色列的神。(NASB)

--《约翰福音》10:10--盗贼来，无非要偷窃、杀害、毁坏；我来了，是要叫人得生命，并且得的更丰盛。

# 7

# 去向

去向把耶稣作为找寻者的形象介绍给学员：找寻者找寻新的地
方，迷失人群和新的机会。耶稣是怎么决定去哪里传教的？他并
没有自行决定，而是找寻神的旨意在那里起作用。他听从神的意
思，他知道神爱他，并会指引他。那我们怎么决定去哪里传教
呢？•和耶稣一样。

神的旨意在哪里起作用？他救助那些穷人、受掠夺的人、病人和
被压迫的人们。神同时看顾我们的家庭。他希望能拯救我们整个
家族。学员可以用《使徒行传》第29章的地图来确定自己身边需
要传教的人和地方。

## 称颂

## 祷告

1. 我们应该如何为我们身边的迷失人群祷告？

2. 我们应该如何为你所培训的小组祷告？

# 学习

## 回顾

帮助我们跟随耶稣的八幅画像是指什么？

爱

　　牧人会做哪三件事？

　　教授他人时最重要的诫命是什么？

　　爱源自何处？

　　简单敬拜是指什么？

　　为什么要进行简单敬拜?

　　简单敬拜需要几个人参与?

祷告

　　圣人会做哪三件事?

　　我们应该如何祷告？

　　神会如何回应我们？

　　上帝的电话号码是多少?

遵从

　　仆人会做哪三件事？

谁有最高的权威？

耶稣给每个信徒的四条诫命是什么？

我们应该如何遵从耶稣？

耶稣承诺了我们什么？

前行

神子会做哪三件事？

耶稣的传道力量源自哪里？

在十字架前，耶稣对信徒许诺了关于圣灵的什么事？

在耶稣复活后，他对信徒许诺了关于圣灵的什么事？

关于圣灵，我们必须遵从的四个诫命是什么？

# 耶稣是什么样的？

--《路加福音》19:10--人子来，为要寻找、拯救失丧的人。（NASB）

---

👆手搭眼睛上，前后找寻。

# 找寻者会做哪三件事？

--《马可福音》1:37, 38--遇见了就对他说："众人都找你。"耶稣对他们说："我们可以往别处去，到邻近的乡村，我也好在那里传道，因为我是为这事出来的。"

1. _____

2. _____

3. _____

## 耶稣怎样决定到哪里去传道?

--《约翰福音》5:19，20-- 耶稣对他们说："我实实在在地告诉你们：子凭着自己不能作什么，惟有看见父所作的，子才能作；父所作的事，子也照样作。父爱子，将自己所作的一切事指给他看，还要将比这更大的事指给他看，叫你们希奇。"

1. _____

🖐把一只手放在胸口上并摇头表示"不"。

2. _____

🖐把一只手放在眼睛上面，左右找寻。

3. _____

🖐用手指着前面的一个地方并点头表示"是"。

4. _____

🖐双手向上做赞颂状，然后在胸前交叠。

## 我们怎么决定去哪里传道?

--《约翰一书》2:5，6--凡遵守主道的，爱 神的心在他里面实在是完全的。从此我们知道我们是在主里面。人若说他住在主里面，就该自己照主所行的去行。(NLT)

## 我们如何得知神的旨意在起作用?

--《约翰福音》6:44--若不是差我来的父吸引人，就没有能到我这里来的；到我这里来的，在末日我要叫他复活。

## 耶稣在哪里传福音?

--《路加福音》4:18-19-- 主的灵在我身上，因为他用膏膏我，叫我传福音给贫穷的人；差遣我报告：被掳的得释放，瞎眼的得看见，叫那受压制的得自由，报告神悦纳人的禧年。(NASB)

1. _____

2. _____

3. _____

4. _____

## 耶稣另一个传福音的地方是哪里?

鬼附之人•《马可福音》5章

哥尼流• 《使徒行传》10章

腓利比的禁卒•《使徒行传》16章

## 背诵《圣经》段落

--《约翰福音》12:26--若有人服侍我，就当跟从我；我在哪里，服侍我的人也要在那里；若有人服侍我，我父必尊重他。(NLT)

# 练习

"两人组中有较多兄弟姐妹的那个作为领导者。"

# 收尾

《使徒行传》 29 章地图 – 第二部分  ☜

# 8

# 分享

    分享把耶稣作为士兵的形象介绍给学员：士兵与敌作战，忍受困苦，解放被掠夺者。耶稣是士兵，当我们跟从他，我们也会变成士兵。

    我们一加入神的旨意，就会遭遇灵性的斗争。信徒们怎样才能打败撒旦？我们凭耶稣死在十字架上、分享我们的见证，并为了信念不惧怕死亡而击败他。

    有力见证包括分享自己遇到耶稣之前的生活，如何遇到耶稣，以及与耶稣同行后的不同生活。如果我们能在三到四分钟内使用通俗易懂的语言完成分享，并不要提到加入信主行列时的年龄（因年龄并不重要），我们的见证会更加有力。

    这节课以比赛结束：谁能最快写出他们认识的四十个迷失的人的名字。第一、二和三名会得到奖品，当然最终所有的人都是获胜者，因为我们都学会了如何分享见证。

## 称颂

# 祷告

1.  我们应该如何为我们身边的迷失人群祷告？

2.  我们应该如何为你所培训的小组祷告？

# 学习

## 回顾

帮助我们跟随耶稣的八幅画像是指什么？

祷告

圣人会做哪三件事？

我们应该如何祷告？

神会如何回应我们？

上帝的电话号码是多少？

遵从

仆人会做哪三件事？

谁有最高的权威？

耶稣给每个信徒的四个诫令是什么？

我们应该如何遵从耶稣？

耶稣给每个信徒的允诺是什么？

前行

　　神子会做哪三件事？

　　耶稣的传道力量源自哪里？

　　在十字架前，耶稣对信徒许诺了关于圣灵的什么事？

　　在耶稣复活后，他对信徒许诺了关于圣灵的什么事？

　　关于圣灵，我们必须遵从的四个诫命是什么？

去向

　　找寻者会做的三件事是什么？

　　耶稣如何决定去哪里传道？

　　我们应如何决定去哪里传道？

　　我们如何得知神的旨意在起作用？

　　耶稣在哪里传福音？

　　耶稣另一个传福音的地方是哪里？

# 耶稣是什么样的?

　　--《马太福音》26:53--你想，我不能求我父现在为我差遣十二营多天使来吗？(CEV)

---

🤚举起剑。

## 士兵会做哪三件事？

--《马可福音》1:12-15--圣灵就把耶稣催到旷野里
去。他在旷野四十天受撒但的试探，并与野兽同在一
处，且有天使来伺候他。约翰下监以后，耶稣来到加利
利，宣传神的福音，说："日期满了，神的国近了！你
们当悔改，信福音。"  (CEV)

1. _____

2. _____

3. _____

## 我们如何才能打败撒旦？

--《启示录》12:11--弟兄胜过它，是因羔羊的血和自
己所见证的道。他们虽至于死，也不爱惜性命。  (NLT)

1. _____

✋双手中指指向手掌•耶稣受难的手势语。

2. _____

✋手放在嘴边作杯状，就像在和别人说话。

3. _____

✋两个手腕放在一起就像被链子铐住。

## 一个有力见证包含哪些内容?

1. _____

🖐指向你的左前方。

2. _____

🖐指向你的正前方。

3. _____

🖐转向右侧并上下移动双手。

4. _____

🖐指向你的太阳穴•好像你在思考问题。

## 见证时要遵从哪些重要准则?

1. _____

2. _____

3. _____

## 背诵《圣经》段落

--《歌林多前书》15:3，4-- 我当日所领受又传给你们的，第一，就是基督照圣经所说，为我们的罪死了，而且埋葬了，又照圣经所说，第三天复活了……

## 练习

"两人中声音较大的那个是领导者，先开始做见证。"

盐和糖　ᎧᎦ

## 收尾

谁能最快写出四十个迷失的人的名字？　ᎧᎦ

# 9

# 撒种

撒种把耶稣作为撒种人的形象介绍给学员：撒种人播种、耕地并丰收。耶稣是撒种人，他与我们同在，当我们跟从他，我们也是撒种人。播种少，收获少；播种多，收获多。

在世人的生活中我们应该播种什么？只有简单福音可以改变他们并把他们带到神那里。一旦我们知道神的旨意在起作用，我们们就和世人分享福音。因为我们知道，那是神在拯救他们。

## 称颂

## 祷告

1. 我们应该如何为我们身边的迷失人群祷告？

2. 我们应该如何为你所培训的小组祷告？

# 练习

## 回顾

帮助我们跟随耶稣的八幅画像是指什么？

遵从

仆人会做哪三件事？

谁有最高的权威？

耶稣给每个信徒的四条诫命是什么？

我们应该如何遵从耶稣？

耶稣承诺了我们什么？

前行

神子会做哪三件事？

耶稣的传道力量源自哪里？

在十字架前，耶稣对信徒许诺了关于圣灵的什么事？

在耶稣复活后，他对信徒许诺了关于圣灵的什么事？

关于圣灵，我们必须遵从的四个诫命是什么？

去向

找寻者会做的三件事是什么？

耶稣如何决定去哪里传道？

我们应如何决定去哪里传道？

我们如何得知神的旨意在起作用？

耶稣在哪里传福音？

耶稣另一个传福音的地方是哪里？

分享

士兵会做哪三件事？

我们如何才能打败撒旦？

一个有力见证包含哪些内容？

有哪些重要准则要遵守？

# 耶稣是什么样的？

-《马太福音》13:36，37--当下耶稣离开众人，进了房子。他的门徒进前来，说："请把田间稗子的比喻讲给我们听。"他回答说："那撒好种的就是人子……"(NASB)

---

🖐用手撒播种子。

# 撒种人会做哪三件事？

--《马可福音》 4:26-29--又说："神的国，如同人把种撒在地上。黑夜睡觉，白日起来，这种就发芽渐长，那人却不晓得如何这样。地生五谷是出于自然的：先发苗，后长穗，再后穗上结成饱满的子粒。谷既熟了，就用镰刀去割，因为收成的时候到了。"(CEV)

1. _____

2. _____

3. _____

## 什么是简单福音？

--《路加福音》24:1-7--七日的头一日，黎明的时候，那些妇女带着所预备的香料来到坟墓前，看见石头已经从坟墓滚开了。她们就进去，只是不见主耶稣的身体。正在猜疑之间，忽然有两个人站在旁边，衣服放光。妇女们惊怕，将脸伏地。那两个人就对她们说："为什么在死人中找活人呢？他不在这里，已经复活了。当记念他还在加利利的时候怎样告诉你们，说：'人子必须被交在罪人手里，钉在十字架上，第三日复活。'"

## 首先…

1. _____

🖐用双手画一个大圆。

2. _____

🖐双手紧合在一起。

## 其次...

1. _____

🖐举起拳头假装战斗。

2. _____

🖐　紧紧握手然后把手拉开。

# 第三···

    1. _____

🖐双手举过头顶，顺势往下移动。

    2. _____

🖐双手中指互相放在另一只手的掌心。

    3. _____

🖐用左手抓住右肘，右臂向身后移动，就像在被埋葬。

    4. _____

🖐再次抬起胳膊，伸出三个手指。

    5. _____

🖐　双手放下，掌心朝外。接着，双臂交叉在胸前。

# 第四···

    1. _____

🖐举起双手，向神表示尊崇。

    2. _____

🖐手掌遮盖住脸；头转向一边。

3. _____

🖐双手合起成杯状。

4. _____

🖐双手再次紧握。

## 背诵《圣经》段落

--《路加福音》8:15--那落在好土里的，就是人听了道，持守在诚实、善良的心里，并且忍耐着结实。

# 练习

# 收尾

《使徒行传》29章21节在哪里？　ശ

《使徒行传》第29章地图 － 第三部分　ശ

# 10

# 行动

行动是课程的结束部分。耶稣命我们拿起十字架并每天跟从他。《使徒行传》第29章地图代表了一个十字架，耶稣号召每个学员都要背负起来。

在这最后一课上，学员向小组展示他们的地图。每次演示后，大家把手放在演示者身上和地图上，祈祷神佑。接着，大家一起重复"拿起十字架，随从耶稣"这个命令三次，来发动每个演示者。学员轮流演示他们的第29章地图，直到每个人都演示过了。培训课程以合唱一首表示培养门徒的决心的敬拜歌曲为收尾，并让学员中较为突出的一个灵性领袖带领一个结尾的祷告。

## 祷告

## 称颂

# 回顾

帮助我们跟随耶稣的八幅画像是指什么？

倍增

管家会做的三件事是什么？

神对世人的第一条命令是什么？

耶稣对世人的最后一条命令是什么？

我应该怎么做才能倍增信徒？

以色列境内的两个海的名称是什么？

为什么这两个海不一样？

你想成为哪个海？

爱

牧人会做哪三件事？

教授他人时最重要的诫命是什么？

爱源自何处？

简单敬拜是指什么？

为什么要进行简单敬拜？

简单敬拜需要几个人参与？

祷告

圣人会做哪三件事？

我们应该如何祷告？

神会如何回应我们？

上帝的电话号码是多少？

遵从

仆人会做哪三件事？

谁有最高的权威？

耶稣给每个信徒的四条诫命是什么？

我们应该如何遵从耶稣？

耶稣承诺了我们什么？

前行

神子会做哪三件事？

耶稣的传道力量源自哪里？

在十字架前，耶稣对信徒许诺了关于圣灵的什么事？

在耶稣复活后，他对信徒许诺了关于圣灵的什么事？

关于圣灵，我们必须遵从的四个诫命是什么？

去向

找寻者会做的三件事是什么？

耶稣如何决定去哪里传道？

我们应如何决定去哪里传道？

我们如何得知神的旨意在起作用？

耶稣在哪里传福音？

耶稣另一个传福音的地方是哪里？

分享

士兵会做哪三件事？

我们如何才能打败撒旦？

一个有力见证包含哪些内容？

有哪些重要准则要遵守？

撒种

撒种人会做哪三件事？

我们分享的简单福音是什么样的？

# 学习

## 耶稣命令他的追随者每天要做什么事？

　　--《路加福音》9:23--耶稣又对众人说："若有人要跟从我，就当舍己，天天背起他的十字架来跟从我。"

---

## 召唤我们拿起十字架的四个声音是什么？

## 来自天上的声音

　　--《马可福音》16:15--他又对他们说："你们往普天下去，传福音给万民听。"（NLT）

1. ＿＿＿＿＿＿＿＿＿＿＿＿＿＿＿＿＿＿＿＿

🖐 手指指向天空。

　　--《路加福音》16:27-28--财主说："父啊，既是这样，求你打发拉撒路到我父家去，因为我还有五个弟兄，他可以对他们作见证，免得他们也来到这痛苦的地方。"（HCSB）

2. ＿＿＿＿＿＿＿＿＿＿＿＿＿＿＿＿＿＿＿＿

🖐 手指向下指着地。

　　--《哥林多前书》9:16--我传福音原没有可夸的，因为我是不得已的；若不传福音，我便有祸了。

3. ＿＿＿＿＿＿＿＿＿＿＿＿＿＿＿＿＿＿＿＿

🖐 手指指向心脏。

--《使徒行传》16:9--在夜间有异象现与保罗：有一个马其顿人站着求他说："请你过到马其顿来帮助我们！"(NLT)

4. _____

✋ 双手并排弯曲成杯状，表示"过来"。

# 《使徒行传》第29章地图　CRЗ

# 培训培训师

这部分详述了如何以可复制的方式培训培训师。首先，我们会与你分享使用《培养纯粹的门徒》一书培训他人后会得到的成果。接着，我们会概述培训的流程，包括1）敬拜、2）祷告、3）学习以及4）练习等基于最大的诫命的步骤。

## 成果

在学完了《培养纯粹的门徒》之后，学员们将能够：

- 运用可以复制的培训流程，把基于季度的10节门徒培训课程教授给他人。

- 回想起描述耶稣跟随者的八副清晰图像。

- 领导一个小组开展简单的、基于最大的诫命的敬拜体验。

- 自信地向他人描述强有力的福音及见证体验。

- 具体描绘如何运用《使徒行传》29章中的地图来触及迷失的群体及培训信徒的设想。

- 建立门徒小组（他们中有些可能发展成教会）并培训他人也这样去做。

# 流程

每个环节都按照相同的模式开展。下列是流程的顺序及估计时间：

## 称颂

- 10分钟。

- 让其中一人开始这个环节，祷告祈求神对这个小组内所有人的指引和佑护。指定某人带领小组的一些赞美诗或颂歌合唱，可以选配乐器。

## 祷告

- 10分钟。

- 将学员分成两人一组，注意每组成员应该是之前没有合作过的。每个小组成员互相提问并回答下列两个问题：

  1. 我们应该怎样为我们认识的那些迷失的人们祈祷，才能让他们获救？

  2. 我们应该怎样为我们正在培训的小组祈祷？

- 如果某个学员还没有发展出自己的小组，他的同伴应该与他一起制定一个有可能被培训的朋友或家人的名单，然后和学员一起为这些名单上的人祷告。

## 学习

《信主培训》体系使用以下的培训流程：称颂、祷告、学习和练习。这套流程是建立在从31页开始的"简单敬拜"模式基础上的。对于《信主培训》手册内的十节课，相关的"学习"环节如下：

- 30分钟.

- 每个"学习"环节都从"回顾"开始。主要是回顾基督的八副画像以及由此掌握的课程内容。这部分培训结束后，学员应可以通过回忆背诵整个培训内容。

- "回顾"结束后，培训师或实习培训师把当前课程教授给学员，要强调让学员认真听，因为他们之后需要互相培训这部分内容。

- 当培训师讲述这部分课程时，应按照如下顺序：

  1. 提问；

  2. 朗读《圣经》；

  3. 鼓励学员回答问题。

  这个环节以神的旨意作为我们生活的指引，而不是培训师。经常会发生这样的情况，培训师提问，并给出答案，然后从《圣经》中寻找依据来支持自己的答案。如果按那样的顺序培训，则教师变成了权威，而神的旨意反而被忽视了。

- 如果学员没有正确回答问题，不要去纠正他们，而是要求学员大声朗读《圣经》相关段落，然后再次回答问题。

- 每节课都以背诵《圣经》段落结束。培训师和学员们一起站立并背诵《圣经》段落10遍，先讲出段落的位置，接着背诵《圣经》。在前6遍背诵中学员可以参考手中的《圣经》或者学生教材。后4遍需要小组一起背诵。整个小组完成10遍背诵后就座。

## 练习

- 30 分钟。

- 之前在"祷告"环节，培训师已经把学员两人一对分好组了。学员们的"祷告"分组就是他们在"学习"环节的分组。

- 每节课都有一个方法来选择两人组中谁是"领导者"。每组的领导者会先开始教学实践。培训师需要将如何选择领导者的方法告诉整个学习小组。

- 学员们模仿培训师的方法培训他们的组内伙伴。培训内容应该包括上节回顾和新课教授，并以背诵《圣经》段落结束。完成课程时，两人组应同时站立，背诵《圣经》段落后就座，使得培训师知道该组的实践已经完成。

- 当每组的第一人完成练习后，另一人开始重复上述整个过程，这样小组内的人都能练习培训过程。此过程中需要保证组内双方都没有跳过或省略任何步骤。

- 在学员练习过程中在教室内巡视，确保他们完全按照培训师的方式去做。如果学员没有模仿培训师的手势，则表示这次练习彻底不成功。必须重复强调学员需要完全仿照你的做法。

- 让学员找一个新的伙伴开始新一轮的练习。

# 收尾

- 20 分钟。

- 大多数环节都以学习活动的实际运用为结尾。给学员充分时间去学习《使徒行传》29章中的地图并鼓励他们在此过程中到处走走，从其他人那里获得更多灵感。

- 做必要的收尾陈词，并请某个学员为此环节做祷告。让此前没有祷告过的学员负责祷告-在此培训结束前每个人至少需要负责一次结尾的祷告。

# 简单敬拜

"简单敬拜"是《信主培训》的重要组成部分- 是培养门徒的一项关键技能。基于"最大的诫命","简单敬拜"教会人们如何遵从诫命,用他们整个的心,他们全部的灵魂,全部的思想和全部的力量去爱神。

上帝保佑遍布东南亚的那些学习小组,他们已学会在任何场合进行简单敬拜 – 在家里、餐馆、公园、主日学校,甚至在佛塔!

## 流程

• 将学员分成四人一组。

• 每个组员单独负责简单敬拜的一部分。

• 每次练习简单敬拜时,学员应轮流负责不同的部分,这样的话到整个培训结束时,每个人都能完成每个步骤至少两次。

## 称颂

• 一个学员带领整组唱两段合唱或赞美诗(根据您的教课内容)。

• 这个环节不需要乐器配合。

- 在训练环节，要求学员们把椅子放置成环绕一张咖啡桌的样子。

- 每组所唱的歌曲不同，这是很好的一点。

- 向每组说明，这是以群体的形式全心称颂神的时机，而不是要看哪组唱得最响。

## 祷告

- 另一个　组员　（与之前领导称颂的组员不同）领导小组祷告时间。

- 祷告组长询问每个组员的祷告需求并记录下来。

- 祷告组长承担任务为这些事情祷告，直到这个小组下次会面。

- 每个组员分享了他们的祷告需求后，祷告站长为小组进行祷告。

## 学习

- 另一个组员领导四人小组开始学习环节。

- 学习组长把一个圣经故事用自己的语言告诉大家，我们建议采用《四福音书》里面的故事，至少在头一次这样做。

- 根据小组情况不同，你可以让学习组长先把圣经故事读一遍，然后用自己的语言重新讲述。

- 学习组长讲完圣经故事后，向组员提问三个问题：

1.  这个故事告诉我们关于神的什么事情？

2.  这个故事教会我们关于人的什么事情？

3.  从这个故事我学会了什么，能帮助我跟随耶稣？

- 小组依次讨论每个问题，组长如果觉得某个问题讨论得差不多了，就讨论下一个问题。

## 练习

- 另一个四人组的成员负责带领练习环节。

- 练习组长帮助小组复习课程，直到确认每个人都理解了课程并能去教别人。

- 练习组长讲述的圣经故事应与学习组长讲的故事相同。

- 练习组长把学习组长问过的问题再问一遍，然后小组针对每个问题进行讨论。

## 收尾

- 简单敬拜小组以齐唱另一首颂歌结束简单敬拜，或一起进行主祷。

# 进一步研究

如需进一步研究本教材内的题材可参考下列资料。在传教工作领域，下列书单也可作为《圣经》之后第一批推荐翻译的书籍。

Billheimer, Paul (1975). *Destined for the Throne*. Christian Literature Crusade.

Blackaby, Henry T. and King, Claude V (1990). *Experiencing God: Knowing and Doing the Will of God*. Lifeway Press.

Bright, Bill (1971). *How to Be Filled with the Holy Spirit*. Campus Crusade for Christ.

Carlton, R. Bruce (2003). *Acts 29: Practical Training in Facilitating Church-Planting Movements among the Neglected Harvest Fields*. Kairos Press.

Chen, John. *Training For Trainers (T4T)*. Unpublished, no date.

Graham, Billy (1978). *The Holy Spirit: Activating God's Power in Your Life*. W Publishing Group.

Hodges, Herb (2001). *Tally Ho the Fox! The Foundation for Building World-Visionary, World Impacting, Reproducing Disciples*. Spiritual Life Ministries.

Hybels, Bill (1988). *Too Busy Not to Pray*. Intervarsity Press.

Murray, Andrew (2007). *With Christ in the School of Prayer.* Diggory Press.

Ogden, Greg (2003). *Transforming Discipleship: Making Disciples a Few at a Time.* InterVarsity Press.

Packer, J. I (1993). *Knowing God.* Intervarsity Press.

Patterson, George and Scoggins, Richard (1994). *Church Multiplication Guide.* William Carey Library.

Piper, John (2006). *What Jesus Demands from the World.* Crossway Books.